Original Title: De Mim para o Mundo – Poesia e Fragmentos

English Title: Me and the World – Poetry and Fragments

(2nd Edition)

Author: Filipe Faro da Costa

Portuguese Revision: Maria Helena Queiroz Aguiar

English Translation: Filipe Faro da Costa

English Revison: By the author

Cover and Interior Design: ContraatircsE

Production: ContraatircsE

1st Original Edition – February 2015

1st Bilingual Edition – May 2017

PT: AO 1990

País e Local de Publicação | Country and Place of Publication:

Portugal – Arcos de Valdevez

Depósito Legal | Legal Deposit: 449044/18

ISBN-13: 978-989-54130-2-7

ContraatircsE@gmail.com

Me and
the World

(2nd Edition)

Portuguese – English
Bilingual Edition

Philipe Pharo da Costa

DEDICATÓRIA

Este livro é dedicado a quem nele se revir, será a esses a quem de verdade os livros são dedicados, aos que os leem e neles se reveem, por quanto dura o instante de ler.

DEDICATION

This book is dedicated to those who feel recognized upon it, the truly ones to whom books are dedicated to, those who read while self-recognizing, as far long as the instant of reading takes.

ÍNDICE | INDEX

AGRADECIMENTOS

Aos que em algum momento da vida me motivaram a escrever e aos que se deram ao trabalho de seguir as minhas linhas de verso.

AKNOWLEDGMENTS

For the one's that at some moment in life have motivated me to write, and those who fulfilled the job of following my lines of verse.

PREÂMBULO

Escrever poesia é a liberdade mais própria da possibilidade de desabafar ou colorir uma alma, sem preconceitos ou limitações, indo mesmo além na busca da composição, aí, deixa de ser um desabafo e passa a ser um conteúdo, mesmo que abstrato em determinadas circunstâncias. Nestes versos aqui publicados, o que trago são poemas de um passado razoavelmente distante, em que se procura expressar sentimentos e renovação. Mesmo condicionados pelas emoções em ato de escrita, são depois tirados do rascunho, compostos em melhor acordo semântico e rítmico, com incursões gráficas, isolados do momento sentimental ou emocional que os proporcionou.

Serão poemas de luto da adolescência, a verdadeira perda da inocência que creio tocar a todos.

Philipe Pharo

PREAMBLE

Writing poetry is to be the most proper freedom of lifting
off one's chest or to color a soul, without prejudice or
limitations, going beyond on the trove of composition, there,
it end's to be venting and begins to be content, even if
abstract in some circumstances. On this published verses I
bring poems of a distant past, in which it's intended to
express sentiments and renewal.
Even though conditioned by emotions at the act of writing,
are then taken from scratch, composed in better semantics
and rhythm accordance, with graphic incursions, isolated
from the sentimental or emotional moment that provided
them.

These are poems of grief from adolescence, the true loss of
innocence I believe to affect all of us.

Philipe Pharo

"Eu não sou eu nem sou o outro,
Sou qualquer coisa de intermédio:
Pilar da ponte de tédio
Que vai de mim para o Outro."

Mário de Sá Carneiro

"I am not I nor the other
I am something of intermidium:
Pillar of the bridge of tedium
That bounds of me to the Other."

Mário de Sá Carneiro

Translated by Philipe Pharo

1. MEMÓRIAS

1. MEMORIES

Das boas memórias que já tive, das que me sinto querer esquecer... Não sei o que já fui ou virei a ser. Das angústias e das loucas noites de infância quando percorri maravilhosos mundos de atroz tolerância. Ó quanto eu tolerei e de quanto ainda não me terei arrependido...

Of the nice memories I've had, blows me the will to forget... I know not what I was or will ever come to be. Of the anguish and insane nights of infancy when I ranged wonderful worlds of atrocious tolerance. How much have I tolerated and less have not regretted...?

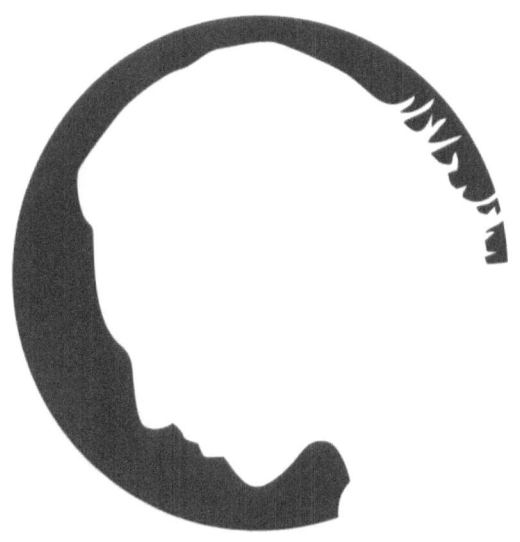

2. POEMAS DE MIM PARA O MUNDO

2. POEMS OF ME AND THE WORLD

Manhãs

Nas manhãs de consciência sóbria
Em que me levanto da cama
E sei por onde ir... me perco...
Pois que não sou isso... não sou...

A sobriedade é ainda mais traiçoeira
Que a alcoolemia, perseverante alucinação
Que procuro todos os dias
Por mais que saiba o caminho.

Nas ocasiões desperdiçadas de procura,
Eu, talvez encontrado, rejeitei...
Simplesmente rejeitando...
Porque não era, nem é, nem será...

Mornings

In mornings of sober consciousness
When awakened from bed
And knowing where to go thru... I'm found lost
For I am not such... I'm not...

Sobriety is far more betrayer
Than alcoolness, perseverant hallucination
I trove for everyday
For as much as I may know the way.

On the lost occasions of troverty,
I, maybe encountered, came to reject...
By simply rejecting...
For it wasn't, nor is, neither will be...

Condição

Na minha condição,
A única em que me garanto existir,
A humana, desilusão...
Nas diversidades adversas
Em que o nosso ser se dispersa...
Uma imensa podridão, vulgar,
Que a ninguém interessa...
As mentiras, promessas destemidas
E eternamente quebradas...

Condition

In my condition,
The only I'm granted to exist,
The human, disillusion...
In adverse diverseness
Where our being disperses...
An immense putridity, vulgar,
Of no one's particular interest...
The lies, fearless promises
Eternally broken...

Alguns Outros

Estranhos encontros
Às vezes diários, deslocados...
Um mundo de cínicos inocentes
De evasões frequentes...

Porque os outros se encontram
E se ligam e dão
Na mais perfeita superficialidade
E eu simplesmente, não.

Como podeis deleitar-vos
Com tão pouca coisa
Que de vós não haverá memória
Para que valha recordar...

Porque num ou outro bom dia
Se encontra amistosa simpatia,
Serei eu o questionável
Ou serão-no vossas interrogações...?

Some Others

Awkward encounters,
Sometimes daily, displaced...
A world of innocent cynicals
Of frequent evasions...

For the others encounter
And attache and get on
In absolute superficiality,
While I simply not, I do not.

How can you delight
With such less things
For there shall be no memory of yours
Worth enough to recall...

For in one or another good morning
One's to find amicable kindness,
Am I to be questionable
Or shall your questioness be...?

Infância

Nas vagas memórias da alegria
Que me ilustram a esperança
Nas convivências de dia-a-dia
Em que me revejo eterna criança
Numa agitada consciência
De vagabunda permanência...

Já fui o que queria
E talvez até deveria ter sido
Porque nos conceitos meus de teoria
Eu era o que já não duvido...
Era a criança fretada de inocência
Nos momentos de amargurada consequência...

Neste mundo pouco admirável
Em que se evitam as campas dos amigos,
Dos imaginários – alegria não renovável -
E de outros ainda mais antigos
Que me detiveram os sonhos arregalados
E me fecharam os olhos desalentados...

Infancy

Within the vague memories of joy
That drawn me hope
In the everyday conveniences
On which I remain eternal child
With agitated consciousness
Of vagrant permanency...

Once I was who I wanted
And maybe what should have been
For in my concepts of theory
I was what I no longer doubt,
This child chartered with innocence
Through embittered moments of consequence.

On this less admirable world
Avoiding the tombstones of friends,
Imaginary ones – unrenewable joy -
And of others far more ancient
That detained my wide-open dreams
And closed my dejected eyes...

3. TELEVISÃO

3. TELEVISION

A televisão é a morte cerebral do ser humano, é a luz
do lado oculto da lua que não se evade de ser oculto. É
a linha de horizonte definhada. É propagação de doença
letal, banalidade. Estandardização de pensamentos
completamente irrefletidos. Manipulação genética
maciça e autorizada.

Television is the brain death of the human being, it's the light of the shadowed side of the moon that itself cannot evade from being shadowed. It's the languished line of horizon. It the propagation of lethal disease, banality. Standardization of thoughts completely unreflected. Authorized mass genetic manipulation.

4. POEMAS DE MIM PARA O MUNDO

4. POEMS OF ME AND THE WORLD

Uma Voz

Ouço uma voz solitária
Que me parece querer crescer
E que mesmo interrompida
Não consegue perecer...

E ela canta, as mágoas
Ou as alegrias que não sabem dizer...
Mas canta incessantemente
E eleva o seu tom
Na medida do ruído que a circunda
Sem que se deixe notar
A mais que meus ouvidos...

A Voice

I hear a lonesome voice
As it would be willing to grow
Whether interrupted
Can't seem to perish...

And she sings the bitters,
Either the joys they cannot tell...
But she sings incessantly
And increases its tone
By the measure of the encircling noise
Without being perceived
Rarher than my ears...

Partir

Não há obra ou monumento
Braços erguidos ao céu
Ou hipótese de utopia
Que nos possa valer...

Não há futuro nem passado
E o presente já não é o que era...
Nem mar de mil cores ao cubo
Que resista nesta esfera...

Ou vivo ou sincero
Amante de horizontes longínquos
Quando na hora da partida
Algo me impede de querer...

To Leave

There is no such opus or monument
Arms rose to the sky
Or chance of utopia
That can worth us...

There's no future nor past
And the present isn't what it used to be...
Nor thousand colors cubed
That resists in this sphere...

Either alive or sincere
Lover of way far horizons,
When in time to leave
Something avoids me from willing...

Frio

Na brasa constante do prazer, da alegria,
Encontro-me na presença da desilusão,
Perante mim próprio
E os outros também...

Porque me sinto fechar
Em minha devastada mente
Encerrado na penumbra
De uma noite polar...

Chill

The constant ember of pleasure, of joy,
Accounted in the presence of disillusion,
Before myself
And the others too...

For I feel as shutting down
Within my torned mind
Enclosed, upon the shade
Of a polar night...

Calor

Paixões quotidianas encontradas a nossos olhos
Em olhares dispersos vagabundos
Nos espelhos de vidro reflexos
De desejos contemplativos
E de momento profundos
Diluindo-se no próximo instante
Em esperanças de alegria
Num vazio delinquente
Que numa resposta se transformaria...

Nas sombras de Sol
Em que se despem os encantados
- corpos dilatados -
Suores cruzados, essências excitantes
Os deslumbrantes decotes
Nas suas perfeitas redundâncias
E comuns elogios
Que se perpetuam no instinto...

Heat

Everyday passions beneath our eyes
In far between wanderer looks.
At the mirrors of glass reflexes
Of contemplation desires
Profound for the moment
Diluted in the following instant
On hopes of joy
In a delinquent hollow
That by reply would come to regret...

In the shades of sun
Where charms divest
- dilated bodies -
Crossed perspiration, exiting essences
The wonder bosom lines
In their absolute redundancies
And common compliments
Perpetuated in instinct...

Só isto

Os mares de divagação amedrontada
Em solitários olhares cruzados
Distraídos da memória,
Os criadores de alegria...

Os desprovidos de companhia
Que já não se procuram
E resguardam sabedoria...
A de cada um...
Pertença de cada um...

Just This

The frightened seas of wandering
Crossing lonely looks
Distracted from memory,
The provocateurs of joy...

The devoided from company
That no longer trove themselves
And shield wisdom...
From each of one...
Belonging of each of one...

Intocável

Na ressaca daqueles breves momentos
Em que se alegraram os desejos de horas
Concedidas por todo o encanto do novo amor
Das noites vagabundas de mim.

Dói-me acreditar sem saber...
Sentir um crescendo entusiasmo
Da vontade desejosa daquele perfume
Que me ficou na memória e não no corpo...

Como foi maravilhoso dedicar-te as palavras
Na exasperada decência de te ver sorrir
Sem te poder tocar em profundo desejo...
E foste como vieste
Na dúvida de quem ama e desespera...

Untouched

Hanging those brief moments over
When the craving of hours was enjoyed
Consent from the charm of love novelty
Within wander nights of mine.

Hurts me to believe not knowing...
Feeling a growing enthusiasm
From the pleasing will of that perfume
That remained in memory but not on the body...

How marvelous it was to dedicate words to thee,
In exasperated decency of watching you smile
Without being allowed to touch thorough desireness...
And you went as you came
Wondering as those who love and despair...

Sentimentos

São e não se encerram
E não se explicam aos que não entendem
Porque se o sabem já não acreditam
Porque para eles já não vale a pena...

Feelings

They are and not to enclose
And not to be explained to the misundertanders
For if they do know, they unbelief,
As for them it isn't worth it any longer...

Indecisão

As novas paixões que me despertam
Que procuram causas semeadas de efeitos
E se desleixam nesse solo revolvido
Onde haveria lugar à Razão...

Esperas enfastiadas pela demora
Numa ânsia egoísta perpetuada
Que aflita nunca colabora
E se envolve numa dor apagada...

Sorriso das minhas noites na rua
E das fechado em casa...
Dos fins de tarde de desafio
E das manhãs de maré vaza...

Alegoria dos meus sentidos
Que se querem dar
Mas rejeitam...

Indecision

New awaking passions
Searched by causes seeded of effects
Neglected over this replenished soil
The Place of Reason...

Wearying awaitings by delay
In selfish perpetuous craving
Uncelebrated by grieving
Involving an unlighted pain...

Laughter of me nights in the street
And the ones locked at home...
From the afternoons of challenge
And the lower tide mornings...

My senses allegory
Willing to be given
Still rejected...

Pretéritos Perpetuados

Nas normas descomprimidas da humanidade
Se perde um homem...
Procura-se em vãos desejos aperfeiçoados
De quem não tem mais agora
Do que tinha antes...

Tudo se perdeu por esses verbos pretéritos
Que se foram sonhos
Não eram por certo perfeitos...
Amargurados olhares de mim esquecidos
Pelo desejo de perpetuar...

Perpetuous Pasts

In the decompressed standards of humanity
A man to be found lost...
Troved in vain perfected wishes
Of whom hasn't got more at present
Than was used to...

Everything has been lost by those past verbs
Were they to be dreams
But never to be perfect...
Bitterness glances of me forgotten
By the wish to perpetuate...

E se...

E se houver um último sonho
De cadente brilho incandescente
Nos céus tracejando reflexos
De rasgada alegria proeminente...

E se houver um suspiro letal
De um acolhimento espontâneo
Num regaço de utópico aval
Em anarquia instantânea...

E se houver essa vez...
Se tudo me passar ao lado
Como numa qualquer viagem
A um paralelo passado...

What if...

What if there's a last dream
Of shooting bright in incandescence
In skies dashing lines reflecting them
Through ripped joy prominence...

What if there's a sigh that's lethal
Of spontaneous welcoming
On a lap of utopist further approval
In instantaneous anarchizing...

What if there's that chance...
While it all goes around to tell
Like in some sort of journey
To a past parallel...

Vide Camões

Amor é fogo que arde e se vê,
É instrumento da loucura
E do desejo, cavaleiro sem armadura,
Gladiador em que não se crê.

Amor é condição de vida,
Procura inata, dor destemida, alegoria,
Felicidade, alegria...

Vide Camões

Loving is the fire to burn and watch,
Instrument of madness
And desireness, armatureless knight,
Gladiator not to be believed as such.

Loving is to be a norm for life,
Inborn trove, fearless pain, allegory,
Happiness, joyness...

Desdobramento

Todo teu, o tempo todo todo teu,
Todo teu, o tempo todo todo teu,
Todo teu, todo o tempo todo teu,
Todo teu, todo o tempo todo teu,
Todo teu, todo teu todo o tempo,
Todo teu, todo teu todo o tempo,
Todo o tempo, todo teu,
Todo o tempo, todo teu,
Todo teu, todo teu o tempo todo,
Todo teu, todo teu o tempo todo,
E só mentindo-te não fui
Todo este tempo todo teu.

Splitting

Whole yours, the whole time whole yours,
Whole yours, the whole time whole yours,
Whole yours, whole the time whole yours,
Whole yours, whole the time whole yours,
Whole yours, whole yours whole the time
Whole yours, whole yours whole the time
Whole the time, whole yours,
Whole the time, whole yours,
Whole yours, whole yours the whole time,
Whole yours, whole yours the whole time,
Only lying to thee was I not
Whole this time whole thy.

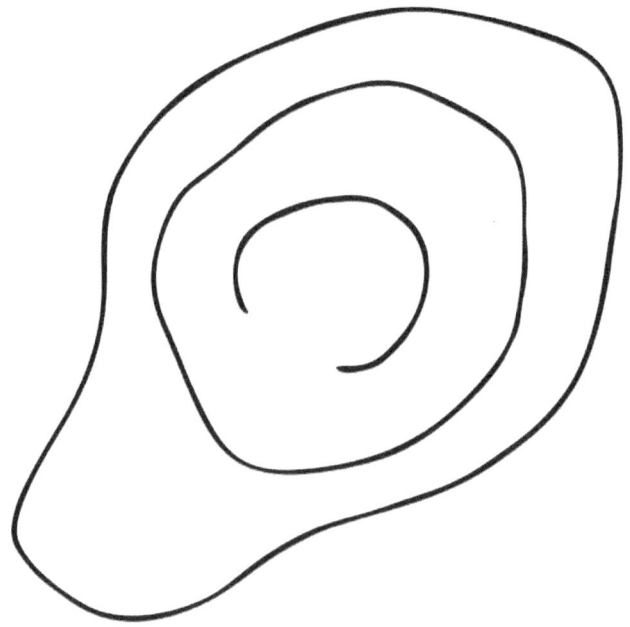

5. EXISTÊNCIA

Entretantos do amor.

In the meantime of love.

6. FRAGMENTOS

Falso Instrumento

Do falso instrumento, espasmo,
Parte quota de mim
Em que me deleito na paz
Da parte incógnita
Mais que absoluta
Do que restou de mim...
Que já nem luta,
Que desfaleceu de forma abrupta
Sem que o horror se apoderasse...
Este vazio terrível,
Mortífero e lento...

A dor da meta tornada física
Gemendo... gemendo...
Guinando a um ouvido tísico
Pela honra da tristeza...

False Instrument

Of the false instrument, spasm,
Quota part of me
Where I delight in peace
Of incognit quota
Over absoluteness
Of the leftovers of self...
That doesn't fight back,
That collapsed abruptly
In less than horror to empower...
This terrible emptiness,
Deadly slow...

Pain of metha made physic
Groaning... groaning...
Veering to a sharpen ear
For the honor of sorrow...

Sonhar Alto

Todos nós sonhamos alto...
Todos nós que tanto amamos
E vagueamos em sobressalto
Em busca do que nunca encontramos...

Para onde vão os escondidos
Que moribundos da hipocrisia
Desejam ser escolhidos
Para sentir a alegria...

Viver, Viver...
Para onde vão os iludidos!?
Para onde se pode ser
O que se espelha nos sentidos...

É gente alegre e destemida
Que vejo em meu redor...
Brava gente que será feliz
E viverá o amor...

Dreaming Out Loud

We all dream out loud...
All we that so belove
And wonder bouncing
In pursuit of the not to be found...

Where do the hidden one's go
For hypocrite moribundness
Choose to be chosen
Granted for the cheerfulness...

To live, to live...
Where do the fools go!?
Where can one be
Where to mirror the senses...

It's the full of joy and fearless people
What I see all around...
Brave people achieving bliss
And overcome to love...

...

É a puta da verdade que sinto de mim...
É anomalia despertada
É desespero descontrolado,
Não quero nada,
Só... morrer...
Em tudo o que isso tenha de pequeno,
De mesquinho... Quero morrer já...
Quero ir agora... Morto!

Agora:
Venha ela, venha a verdadeira Vénus,
A mim que te espero e amo,
A ti que te desejo, fim da minha dor.

...

It's the bitchness true of one self...
Awaken malfunction
Out breaking despair,
Nothing that I want,
But... to die...
In it's infiniteness of smallness,
Of crummyness... Wish to die yet...
Wish to go now... Dead!

Now:
Let her come, the true Venus,
To me lying in wait and love,
You that I wish, the ending of me pain.

Num Instante

Sou algo mais volátil,
Inconstante, produto social,
Raiz quadrada de quarenta e nove,
Injeção letal com nada se comove.

Instantaneously

I am something of more volatile,
Changeling, social productile,
Square foot from forty-nine,
Lethal injection won't cry over nothing.

Sombras de Competência

Quão absurdo pode ser acordar,
Quantos dias me rogo e critico,
Chega de passear,
Quantas vezes caí ao abismo
E voltei a amar...

Eram sombras de competência
As que me seguiam dia
E até por vezes noite.
Desconhecendo o que acontecia
Mas em constante indulgência
Acreditava e permanecia...

Não sabia mais o que ser
Ou tentar,
Sem saber mais se eu queria
Ou evadia de aguentar.
Já não eram sonhos que conhecia
Nem sonhava desejar.

Competence Shades

How absurd can it be to awake,
Many days I cursed and criticized,
Enough with wandering,
Many times I've fallen to the abyss
And came to love...

Those were competence shades
That followed me by day,
And even times by night.
Unaware of the happenings
Still in constant indulgence
Believing and remaining...

Knew not what more to be
Either try,
No longer knowing if I wanted
Or if I did evaded from standing it.
Those were not dreams I knew
Or willed to wish.

Indo

Quero ir! Por aí, um sítio qualquer,
Onde possa fumar sossegado,
Onde possa beber se quiser,
Onde me ofereçam amizade...

Quero ir por aí
Pelo meio desses algures
Por onde largo os meus pensamentos,
Por aqui e por aí...
Por um diferente da última vez.

Going

I want to go! Around there, anyplace,
Where I can smoke in quietness,
Where to drink if I wish,
Where there's companionship...

Will to go around there
In between those nowheres
Where I dump my thoughts,
Around here and there...
A different one from the last time.

Para Trás

Se fosse possível ser eternamente criança, eu seria!
Mas não, por isso serei eternamente adolescente,
Terei sempre os preconceitos do corpo
Que se vão acentuando ao longo tempo,
Com esse medo horrível de envelhecer, por dentro,
Que já pressinto há tempos,
Quando o fim começou a fazer menos sentido
E comecei a querer encontrar outros princípios
Que me aguentassem um pouco além.

Mas os meus desejos por cumprir,
As promessas que adiei
E algumas que quero cumprir,
Que são as esperanças de um adolescente
Que aprendeu a odiar-se
Por não querer nada da vida,
Descendo a sentir-se o mais de odiado possível.

Que eu não consigo vencer o passado
Que me dói tanto certa infelicidade.
Vade Retro.

Flashback

Was it to be possible to be eternal child, I would be!
But it is not, so I'll become forever an adolescent,
Always keeping the misthoughts of the body
Stressed throughout time,
Horrible fearing of ageing, inside,
The scenting for times,
When the end begun to be senseless
And I became to want finding other principles
That kept me further beyond.

But the wishes to accomplish,
Promises that I differed
For some I do wish to achieve,
The hopes of an adolescent
That learned to hate himself
In cause of the nothingness of life,
Downing to feel as hated as possible.

It's that the why I cannot overcome the past
It's that the why it hurts so this certain misfortune.
Vade Retro.

Sem Título

Aos passos largos do pensamento
Todo o sonho é misericórdia
Ilubriado pelo sentido do momento
Pela celebração da memória.

Em contos despejados de casa
O rebento dos meus sonhos
Tem a temperatura de uma brasa.

O que me arde é a loucura de existir.

Titleless

By the enlarged steps of thoughtness
All the dreams become mercy
Enlighted by the sense of the moment,
The celebration of memory.

In tales evicted from home
The birth of my dreams
At the temperature of an ember.

What burns me's the madness of existing.

Ser

O ser do meu ser
Que tanto quis ser
E acaba sem saber
Podia ter sido
Acontecido, prazer...
Podia estar vivo
Não pertencer, liberdade,
De ser e deixar ser...
E se for? Deixa lá!
Nada a temer, felicidade
De esquecer e lembrar...
Quem me conhece
E desconhece
E há até quem saiba
Que eu sou, o que quero ser,
De resto o que todos um pouco somos.
Nosso lugar no Mundo é esse,
Ser, estar, até mesmo existir.

To Be

The to be of my being
Of much willing to be
Ends unknowing
It could have been,
Could've happened, pleasing...
It could've been alive
Not belonging, freedom,
Of being and letting be...
What if it is? Leave it!
Nothing to fear, happiness
Of forgetting and remembering...
Those that acknowledge me
And those who do not know
And there are those who achieve
That I am, what I wish to be,
All and all what everyone's to be.
This our place in the world,
To be, being, far even to exist.

De mim para o Mundo

O meu despertar de amanhã
Não será o mesmo,
Vou esquecer o Mundo,
Vou-me levantar e tentar
Quiçá pensar...
Em mim
Por Fim...

À vergonha do Mundo em que vivo
Que se esconde atrás de cada rosto
Que vejo caminhar ao longe...
Santificadas sejam vossas invejas
Que graças a deus sou ateu!

Quero que a responsabilidade vá dar uma volta,
Que os sonhos voem alto, ainda.
Não quero ser escoltado a cada passo
Por aqueles que não me creem...

Porque se não penso eu em mim,
Se me não entendem
Como hei-de eu entender...
Vagas de ondas me atravessam
Os cabelos de outrora mais compridos...
Vejo o *Fantasma da Ópera*
Da minha infância,
Mr. Hide...

Me and the World

The tomorrow of my awakening
Won't become the same,
I'll forget about the World,
I'll arise and try
As much as to think...
About me
At last...

The shameness World where I live
Hiding behind each face
I can see crossing at far..
Hallowed may your envies be
For thanks to god I'm an atheist!

I want the responsibility to take a walk
May the dreams fly high, still.
I wish not to be escorted by the step
For those not deeming me...

As if I think not of me,
If not being understood
How am I to understand...
Surges of waves crossing me,
My passed longer hairs...
I see the *Phantom of the Opera*
From my childhood,
Mr. Hide...

Apagam-se os olhos de velas tardias
Aquilo que supus afinal não era,
Nem voltará a ser, nem podia... Ser.

E se *"ser ou não ser"* é a questão,
Acho que não sou...
Sem razão perdido...
O *Rosebud* queimado
É ainda recordação viva...
Ainda é *"Aquela cativa*
Que me tem cativo"
E não esqueço o passado
Por muitas mentiras que possa ter
E se dolorosas já eram...
Que é da cura...?

Enclosing the eyes of late night candles
What I supposed at long last wasn't,
Neither will come, nor couldn't... Be.

And if *"to be or not to be"* is the question,
I think not to be...
Reasonless cast away...
The burned *Rosebud*
Still living recallness...
It still is *"That captive,*
That has me captivated"
Not forgetting what went
For as much lies as it has
If painful they were...
Where is the cure..?

T.N. Luiz Vaz de Camões "Aquela cativa / Que me tem
cativo" - "That captive /That has me captivated."

THE END

FIM

SOBRE O AUTOR

Philipe Pharo da Costa nasceu em Portugal, na cidade do Porto, em 1980. Viveu entre Porto, V.N. Gaia, Arcos de Valdevez e Ponte da Barca desde 1981 até 2000, fazendo o seu percurso escolar até completar o ensino secundário em Arcos de Valdevez. Em 2000 entrou na Universidade do Minho, onde frequentou a Licenciatura de Inglês-Alemão (via ensino), durante dois anos, sem aproveitamento final. Em 2003 obteve transferência para a Licenciatura de Línguas Estrangeiras Aplicadas (Tradução), mas as vicissitudes da vida e a necessidade de ter um rendimento, levaram-no à participação na criação de uma empresa de publicidade em Arcos de Valdevez, onde trabalhou e da qual viria a sair em 2010. Em 2011 decidiu voltar a cursar a área que sempre desejou, cujo nome foi, entretanto, alterado para Línguas Aplicadas, permanecendo com uma frequência intermitente. À data desta edição (2018), faltam-lhe três cadeiras para terminar.

O manuscrito deste livro foi desenvolvido durante o período em que viveu em Braga, de 2001 a 2003.

ABOUT THE AUTHOR

Filipe Faro da Costa was born in Portugal, city of Oporto in 1980. Lived between Oporto, V. N. Gaia, Arcos de Valdevez and Ponte da Barca since 1981 until 2000, going through is schooling path up to High School at Arcos de Valdevez. In 2000 went to college where he attended the degree in English-German at Minho University for two years, with no final achievements. In 2003 he obtained a transfer to the degree in Applied Foreign Languages (degree in translation), but life and the need for an income took him to an associated company in publicity in Arcos de Valdevez, where he worked and then quit in 2010. In 2011 he decided to go back to college to the same degree, still not having it completed. At current (2018), he is missing his final three subjets at Minho University.

This book manuscript was developed during the period in which he lived in Braga, from 2001 to 2003.

OTHER TITLES
ALREADY PUBLISHED BY THE SAME AUTHOR

OUTROS TÍTULOS JÁ PUBLICADOS PELO
MESMO AUTOR

DE MIM PARA O MUNDO
(PORTUGUESE EDITION)

DE MOI VERS LE MONDE
(PORTUGUESE-FRENCH EDITION)

POEMAS DE ADIL E UM TEXTO DESALINHADO
(PORTUGUESE EDITION)

HOMEM MORTO
E 5 POEMAS DE OUTUBRO
(PORTUGUESE EDITION)

LIVRO DOS POEMAS DE FRUTO PROIBIDO DO DOUTOR
ARMANDO DO SAL E OUTROS TEXTOS
NEOEXPERIMENTAIS
(PORTUGUESE EDITION)

AS MEIAS DO POETA VICTOR NUNO DE MENEZES
E OUTROS FRAGMENTOS FÍSICO-TEÓRICOS
(PORTUGUESE EDITION)

ESTE APARELHO DEVE SER INSTALADO POR PESSOAS
COMPETENTES (PRIMEIRO MANUAL)
(PORTUGUESE EDITION)

OUTRAS MULHERES
(PORTUGUESE EDITION)

OTHER TITLES
TO BE PUBLISHED BY THE SAME AUTHOR

OUTROS TÍTULOS A SER PUBLICADOS PELO
MESMO AUTOR

POEMS AND SONGS
BY EXPERIENCE
(ORIGINALLY ENGLISH WRITTEN)

OS POEMAS QUE NUNCA LESTE
(PORTUGUESE EDITION)

ROGER THE WANDERER
(ORIGINALLY ENGLISH WRITTEN)

ContraatircsE@gmail.com